Katerina Gorelik

SCHAU DURCHS FENSTER!

Aus dem Englischen von
Kirsten Riesselmann

Insel

Was für ein hübsches Haus mit Garten!

Und so eine nette ältere Dame dort im Fenster!

Zu Hilfe!
In dem Haus da brennt's!

Ach du Schreck, der Wolf ist im Haus!

Ob er Rotkäppchen und die Großmutter schon verschlungen hat?!

Skelette im Fenster – uuuh, was ist das denn für ein unheimliches Haus!

Frau Schwein kann soooooo gut backen.

Vor allem ihre Apfeltörtchen sind köstlich!

In diesem Haus wohnt ein

fürchterliches Raubtier.

EIS
FISCH

Was für ein schnuckeliges Hühnerhaus!

Und schau mal, wie viele Eier es da drin gibt!

Hier warten sieben niedliche kleine Geißlein auf ihre Mutter.

Schau mal, in diesem Haus

wimmelt es ja von Insekten!

Was für ein schreckliches Brüllen
kommt denn durch dieses Fenster?

PROCHAINEMENT
CHAT
NOIR
avec

Wohnt da etwa ein Dinosaurier?

Ups, wer schaut dich denn da so finster an?

Dieses Haus ist zu verkaufen? Wie reizend!

Es wäre sicher wundervoll,
hier zu wohnen!

PARTNER
Naturpark
Nossentiner / Schwinzer Heide
www.optimal-media.com/naturschutzprojekt-001

Originaltitel:
Look Through the Window

2. Auflage 2023

Erste Auflage 2022
Deutsche Erstausgabe

Die Übersetzungsrechte wurden vermittelt von
der VeroK Agency, Barcelona.
Umschlaggestaltung: Katerina Gorelik
Druck: optimal media GmbH, Röbel / Müritz
Printed in Germany
ISBN 978-3-458-64335-7

www.insel-verlag.de